Bibliografische Information der Deutschen Nationalbibliothek:

Die Deutsche Bibliothek verzeichnet diese Publikation in der Deutschen National-
bibliografie; detaillierte bibliografische Daten sind im Internet über http://dnb.d-
nb.de/ abrufbar.

Impressum:

Copyright © 2007 GRIN Verlag
Druck und Bindung: Books on Demand GmbH, Norderstedt Germany
ISBN: 9783668747234

Dieses Buch bei GRIN:

https://www.grin.com/document/127887

Sarah Baumgartner

Welchen Einfluss hatten die ungeklärten Grenzfragen zwischen der Volksrepublik China und der Sowjetunion auf den chinesisch-sowjetischen Grenzkonflikt 1969?

GRIN Verlag

Chinesisch-Sowjetischer Grenzkrieg 1969

Sarah Baumgartner

Hauptfach: Medien- und Kommunikationswissenschaft

Nebenfächer: BWL, Politikwissenschaft und Zeitgeschichte

31. März 2007

Inhaltsverzeichnis

1 Einleitung

Als am 1. Oktober 1949 Mao Tse-tung die Volksrepublik China ausrief, bedeutete dies zum ersten Mal seit Jahrhunderten eine Normalisierung in der Beziehung zwischen China und der Sowjetunion.[1] Doch diese Entspannungsphase hielt nicht lange an.

Die russische Expansionspolitik, die im 16. Jahrhundert begonnen hatte, und durch die China hunderttausende von Quadratkilometern an Territorium weggenommen wurden, enthielt ein grosses Konfliktpotential, das mehrmals in einen chinesisch-russischen Krieg auszubrechen drohte. Die Spannungen waren schliesslich so gross, dass es im Laufe der 1960er Jahre immer wieder zu kleineren Zwischenfällen an der chinesisch-sowjetischen Grenze kam, die im Jahre 1969 zu bewaffneten Ausschreitungen führten, wobei es zu mehreren Hunderten von Toten und Verletzen kam.[2]

Der chinesisch-sowjetische Konflikt war nicht nur ein ideologischer Kampf zwischen zwei kommunistischen Parteien. Vielmehr war er ein Konflikt über die Zugehörigkeit bestimmter Gebiete. Die ungelösten Grenzfragen spielten dabei eine wesentliche Rolle.[3]

In dieser Arbeit soll untersucht werden, ob die ungelösten Grenzfragen zwischen China und der Sowjetunion einen Einfluss auf den am 2. März 1969 offen ausgebrochenen Konflikt hatten.

Die Fragestellung lautet: „Welchen Einfluss hatten die ungeklärten Grenzfragen zwischen der Volksrepublik China und der Sowjetunion auf den chinesisch-sowjetischen Grenzkonflikt?".

Da die Analyse aller ungeklärten Grenzfragen den Rahmen dieser Arbeit sprengen würde, werde ich mich durch die folgende These etwas einschränken:

Zu den Hauptursachen für den am 2. März 1969 ausgebrochenen chinesisch-sowjetischen Grenzkonflikt gehören insbesondere die „ungleichen" Verträge von Aigun (1858), Peking (1860) und St. Petersburg (1881).

Das Hauptaugenmerk gilt dabei dem Gebiet um die Grenzflüsse Amur und Ussuri.

Der erste Teil dieser Arbeit ist zugleich der Hauptteil, in welchem die chinesisch-russischen Grenzfragen zwischen dem 16. und 20. Jahrhundert untersucht werden.

---

[1] Vgl. Cheng-Chi, Ursprünge des Grenzkonfliktes, S. 65.
[2] Vgl. Herrmann, Territoriale Ansprüche, online, S. 53.
[3] Vgl. Cheng-Chi, Ursprünge des Grenzkonfliktes, S. 1.

Anhand eines chronologischen Aufbaus sollen die russische Expansionspolitik und die Territoriumsverluste des chinesischen Kaiserreichs aufgezeigt werden.

Der anschliessende Teil wird sich auf den Grenzkonflikt zwischen der Volksrepublik China und der Sowjetunion konzentrieren, der am 2. März 1969 am Grenzfluss Ussuri eskalierte. Zusätzlich soll ein Ausblick in die Gegenwart erstellt werden.

Das abschliessende Fazit dient der Diskussion der Fragestellung und der These.

Um die Grenzfragen und die Grenzziehungen zu veranschaulichen, können die im Anhang angegeben Quellen zu Karten zurate gezogen werden.

1.1 Grenzfrage

Grenzen sind im internationalen Verständnis eine der wesentlichen Bedingungen für die Definition staatlicher Souveränität. Grenzen definieren das Territorium des betroffenen Staates. Sie trennen nicht nur, vielmehr besitzen sie einen verbindenden Charakter zwischen den Nachbarnationen. Grenzziehungen können in der Regel nur im gemeinsamen Einverständnis der betroffenen Staaten vorgenommen werden, denn eine unilaterale Grenzziehung besitzt ein hohes Konfliktpotenzial.[4]

1.2 Die Bedeutung der chinesisch-sowjetischen Grenze

Für das Kaiserreich China und das Zarenreich Russland hatte die Grenze eine symbolische Bedeutung.[5] Die Chinesen betrachteten diese Mauer als Beweis eines grossen Verlustes des eigenen Territoriums; einerseits ein Verlust an Ausländer im Generellen und andererseits an die Russen im Speziellen. Sie haben durch diesen Verlust den Russen gegenüber ihr Gesicht verloren, was aus kultureller Sicht eine grosse Scham ist.[6]

Die russische Bevölkerung verband mit dieser Grenze etwas anderes: Die chinesisch-russische Grenze symbolisierte ihnen ihre grosse Macht und ihren Triumph gegenüber China.[7]

---

[4] Vgl. Herrmann, Territoriale Ansprüche, online, S. 51-52.
[5] Vgl. Paine, Imperial Rivals, S. 94.
[6] Vgl. Paine, Imperial Rivals, S. 10.
[7] Vgl. Paine, Imperial Rivals, S. 9.

4

2 Chinesisch-Russische Grenzfragen im 16. – 20. Jahrhundert

2.1 Die russische Expansionspolitik im 16. und 17. Jahrhundert

Bis zum 17. Jahrhundert hatten Russland und China keine gemeinsame Grenze. Das Kaiserreich und das Zarenreich hatten vielerorts nur natürliche Grenzen und die meisten dieser Grenzgebiete waren noch nicht entdeckt.[8] Die weiten Zwischengebiete wurden hauptsächlich weder von Han-Chinesen noch von Russen bewohnt, sondern von Nomaden.[9] Bis zu dem Zeitpunkt, wo erstmals russische Soldaten ins Grenzgebiet von China vordrangen, hatte sich China kaum Gedanken um ihre nördliche Grenze gemacht.[10]

Unter „Ivan dem Schrecklichen" eröffnete sich im 16. Jahrhundert der Weg für die Russen bis zum Ural.[11] Das Ziel „Ivan des Schrecklichen" war, in den Besitz eines eisfreien Hafens an der pazifischen Küste zu gelangen. 1640 drang der russische Kommandant Wassilij Pojarkow mit seinem Heer in das chinesische Amur-Gebiet ein. Die russischen Soldaten begannen im Amur-Gebiet erste Städte zu bauen.[12]

Die russische Kolonialisierungspolitik im Gebiet des Flusses Amur führte zu ersten Auseinandersetzungen zwischen dem Zarenreich und dem Kaiserreich. In den Kämpfen, die zwischen 1652 und 1656 zwischen den beiden Parteien stattfanden, blieben meistens die chinesischen Truppen siegreich. Dies führte zu einem Stillstand des russischen Vormarsches.[13]

Der Konflikt konnte nur durch einen Grenzvertrag geschlichtet werden.

2.2 Erste Grenzziehungen im 17. und 18. Jahrhundert

Der erste zwischen einem europäischen Staat und dem Kaiserreich China abgeschlossene Vertrag, wurde am 7. September 1689 zwischen China und Russland in Nertchinsk unterzeichnet.[14]

Dieser Vertrag legte die Grenzen zwischen beiden Staaten fest, welche längs des Gorbica, zum Kamm des Gebirges Stanonoj und weiter auf dem Gebirgskamm längs der Wasserscheide in Richtung zum Meer führte. Das Amur-Tal blieb somit chinesisch.

---

[8] Vgl. Paine, Imperial Rivals, S. 4.
[9] Vgl. Pommerening, Grenzkonflikt, S. 106.
[10] Vgl. Paine, Imperial Rivals, S. 29.
[11] Vgl. Cheng-Chi, Ursprünge des Grenzkonfliktes, S. 15.
[12] Vgl. Salisbury, Krieg zwischen Russland und China, S. 52.
[13] Vgl. Heinzig, Der sowjetisch-chinesische Grenzkonflikt, S. 7.
[14] Vgl. Ti-hung, Völkerrechtliche Argumentation, S. 11.

Russland musste sich daraus zurückziehen, erhielt dafür rund 240'000 km² chinesischen Gebietes.[15]

Ingesamt war dieser Vertrag auf den Interessen beider Parteien aufgebaut.

Der im Oktober 1727 unterzeichnete Grenzvertrag von Kjachta, legte die Grenze im östlichen und mittleren Abschnitt fest. Der Grenzabschnitt begann am westlichsten Punkt der in Nertchinsk festgelegten Grenze (Oberlauf des Argun) und führte bis zum westlichen Sajan-Gebirge. [16] Auch der Vertrag von Kjachta basierte auf einem Interessenausgleich.

Die Verträge von Nertchinsk und Kjachta führten zu einer stabilen Phase, die bis zur Mitte des 19. Jahrhunderts andauerte. Dies vor allem auch, weil China in dieser Zeit zu einer relativ starken Macht herangewachsen war und militärisch etwa gleich ausgerüstet war wie Russland.[17] Russland musste deshalb sein Streben nach Ostasien vorsichtiger angehen.

2.3 Grenzpolitik im 19. Jahrhundert

Das Zeitalter der industriellen Revolution läutete eine neue Epoche ein. Die erhöhte Arbeitsproduktivität, die wachsende Wichtigkeit von ausländischen Märkten, der gesteigerte Handel sowie die Technologie führten zu einem neuen Verhältnis der Machtbeziehungen.[18]

China und Russland konnten jedoch nicht mit dem Industrialisierungsprozess mithalten. Sie konzentrierten sich immer noch mehr auf das Territorium als auf die See. Da beide, vor allem aber China, sich bis zu diesem Zeitpunkt hauptsächlich auf das eigene Land konzentriert hatten und sich nicht um internationale Beziehungen kümmerten, hatten sie es unter anderem verpasst, die Schifffahrt weiterzuentwickeln.[19]

Die russische Expansionspolitik Richtung Osten wurde von der industriellen Revolution, die im Westen in vollem Gange war, zusehends verstärkt. Russland fürchtete, dass britische und französische Truppen, sich im Zuge ihrer Kolonialisierungspolitik am Pazifik festsetzen würden und ihnen somit den Zugang zum Meer abschneiden könnten. Zudem sorgten sie sich um das Amurgebiet. Sie befürchteten, dass die Aufmerksamkeit der Westmächte bald auf Nordchina und das dortige Flusssystem fallen würde, um den Handel zu beeinflussen. Dieses Flusssystem hätte den Westmächten den Weg nach

---

[15] Vgl. Pommerening, Grenzkonflikt, S. 115.
[16] Vgl. Cheng-Chi, Ursprünge des Grenzkonfliktes, S. 19.
[17] Vgl. Ti-hung, Völkerrechtliche Argumentation, S. 13.
[18] Vgl. Paine, Imperial Rivals, S. 30.
[19] Vgl. Paine, Imperial Rivals, S. 30-31.

Sibirien und zu seinen Ressourcen geöffnet. [20] Dies wiederum hätte für Russland schwere Folgen gehabt, denn: „Whoever controls the left (northern) bank and the mouth of the Amur will control Siberia.".[21]

Grossbritannien hatte zudem durch seine Macht und den grossen Einfluss erreicht, dass die russische Expansion Richtung Westen abgeschnitten und im gleichen Zug der Handel mit dem Zarenreich eingeschränkt wurde. Dies führte in Russland umgehend zu einem finanziellen Problem und sie mussten ihre Strategie ändern.[22]

Schon bald bemerkte Russland, dass China innerlich zerrissen und somit gegen aussen sehr schwach war.

2.3.1 Der Vertrag von Aigun 1858

Als Wende der relativ stabilen Beziehungen zwischen Russland und China, kann der Opiumkrieg (1840-1842) betrachtet werden. Das Bild eines starken chinesischen Reiches verschwand allmählich.[23] Das Zarenreich sah nun die Möglichkeit gekommen, die Schwäche Chinas für die Erweiterung der eigenen Macht und des russischen Territoriums auszunutzen. Im Jahre 1847 begannen sie mit einer systematischen Besetzung des linken Amur-Ufers. Dem Bau von ersten russischen Siedlungen folgte bald die Schifffahrt und Transporte von russischen Soldaten und Siedlern auf dem Amur.[24] Das wäre ihnen -laut Vertrag von Nerchinsk- nur in einer bestimmten Zone und nicht in voller Länge erlaubt gewesen.

China konnte sich nur auf Protestnoten beschränken, denn neben den Niederlagen gegenüber den Westmächten hatte es auch noch mit der Taiping-Revolution zu kämpfen, welche das Land nahe an den Zusammenbruch brachte.[25]

Das Zarenreich nutzte die Gunst der Stunde und versuchte erneut sein Territorium zu vergrössern. S.C.M. Paine nannte es einen „masterful bluff" der Russen, als es ihnen gelang, die Chinesen zu dem am 28. Mai 1858 unterzeichneten „Vertrag von Aigun" zu zwingen. Denn Russland täuschte China gewaltige militärische und finanzielle Stärke vor. Durch seine Ignoranz gegenüber der „Aussenwelt", wusste China nicht, dass Russland zu diesem Zeitpunkt alles andere als militärisch und finanziell stark war. [26]

---

[20] Vgl. Paine, Imperial Rivals, S. 37.
[21] Paine, Imperial Rivals, S. 37.
[22] Vgl. Paine, Imperial Rivals, S. 29.
[23] Vgl. Pommerening, Grenzkonflikt, S. 126.
[24] Vgl. Cheng-Chi, Ursprünge des Grenzkonfliktes, S. 21-24.
[25] Vgl. Heinzig, Der sowjetisch-chinesische Grenzkonflikt, S. 10.
[26] Vgl. Paine, Imperial Rivals, S. 64.

Der Vertrag von Aigun legte die Flussläufe des Argun und Amur als Grenze fest. Der Territoriumszuwachs für Russland wird je nach russischen, chinesischen oder westlichen Angaben auf 400'000 bis 600'000 km^2 geschätzt.[27] Zudem regelte dieser Vertrag, dass China seine Häfen für den internationalen Handel öffnen und ausländische Vertreter in Peking Einlass gewähren musste.[28]

Seit der Unterzeichung dieses Vertrages verschlechterten sich die gegenseitigen Beziehungen stetig, denn China unterzeichnete zwar den Vertrag, ratifizierte ihn jedoch nicht. Dieser Vertrag war der erste der sogenannten „ungleichen" Verträge.

2.3.2 Der Vertrag von Peking 1860

Diese erste Gebietsabtretung reichte Russland nicht und sie verlangten mehr; nämlich das Küstengebiet zwischen dem Amur, dem Ussuri und dem Meer. China lehnte diese Forderungen jedoch deutlich ab. [29] Als englische und französische Truppen infolge des zweiten Opiumkrieges in Peking einmarschierten, wurde die Lage für China zunehmend kritischer.[30] Dies kam Russland sehr gelegen. Das Zarenreich wusste gezielt wie es die beiden Parteien gegeneinander ausspielen musste und stellte sich anschliessend zur Verfügung als deren Vermittler. Durch gleichzeitige Gewaltandrohung im Falle einer Nicht-Ratifizierung sowie dem Hinweis auf geleistete „Freundschaftsdienste", respektive Vermittlerrolle, zwang Russland China den in Aigun aufgesetzten Vertrag zu ratifizieren sowie die weiter geforderten Gebiete an Russland abzutreten.[31] Am 14. November 1860 wurde als Ergebnis dieser Verhandlungen der Vertrag von Peking unterschrieben. In diesem Vertrag wurden die Grenzziehung im Amur und Ussuri sowie auch der westliche Sektor der russischen Grenze festgelegt.[32]

Durch den Vertrag von Peking verlor China, neben den nun endgültigen Verlusten durch die Ratifizierung des Vertrags von Aigun, über 400'000km^2 chinesischen Territoriums östlich des Ussuri an Russland. [33]

Im Zusatzprotokoll von Tschugutschak vom September 1964, wurde hauptsächlich der Grenzverlauf der Westgrenze nochmals „angepasst", was für China nochmals einen Gebietsverlust von bis zu 400'000 km^2 ausmachte. [34]

---

[27] Vgl. Heinzig, Der sowjetisch-chinesische Grenzkonflikt, S. 11.
[28] Vgl. Paine, Imperial Rivals, S. 66.
[29] Vgl. Cheng-Chi, Ursprünge des Grenzkonflikts, S. 26.
[30] Vgl. Hergt, dtv-Atlas der Weltgeschichte, S. 369.
[31] Vgl. Ti-hung, Völkerrechtliche Argumentation, S. 22.
[32] Vgl. Cheng-Chi, Ursprünge des Grenzkonfliktes, S. 27.
[33] Vgl. Ti-hung, Völkerrechtliche Argumentation, S. 23.
[34] Vgl. Ti-hung, Völkerrechtliche Argumentation, S. 25.

2.3.3 Der Vertrag von St. Petersburg 1881

Als 1864 der grosse Mohammedaner-Aufstand ausbrach, gelang es China nicht, diesen niederzuschlagen. Das Kaiserreich verlor die Kontrolle über fast ganz Sinkiang.[35] 1871 besetzten die Russen das unter chinesischer Souveränität stehende Ili-Gebiet unter dem Vorwand, Frieden und Ordnung an der Grenze wiederherstellen zu wollen. Die Russen versprachen nach der Niederschlagung des Mohammedaner-Aufstandes sich aus diesem Gebiet wieder zurückzuziehen.[36]

1877 wurde die Rebellion durch die Chinesen niedergeschlagen. Sie verlangten nun, dass Russland ihnen dieses Gebiet wieder zurückgeben müsse. Doch die Russen liessen sich nicht mehr aus dem Ili-Gebiet vertreiben, denn „Wenn der russische Adler einmal gehisst wurde, darf er nie wieder eingeholt werden".[37]

Die Beziehung zwischen den beiden Staaten war auf einem absoluten Tiefpunkt angelangt; beide Seiten begannen mit der militärischen Aufrüstung. [38]

Unter dem Druck der russischen Regierung und Androhung von Repressionen, gelang es Russland 1881 China erneut einen Vertrag aufzuzwingen. Der Vertrag von St. Petersburg beinhaltete Handelsregulationen für Sinkiang und ein Protokoll über die Entschädigung von insgesamt 9 Mio. Rubel für das Zarenreich sowie eine Liste mit 35 chinesischen Städten, durch die Russland Handel treiben konnte. Den Chinesen wurde lediglich ein Teil des Ili-Gebiets zurückgegeben.[39]

Völkerrecht, allgemein geltende Gesetze und Verträge waren China bis Ende des 19. Jahrhunderts fremde Begriffe gewesen. Dies vor allem durch ihre Ignoranz gegenüber den anderen Staaten, respektive dem Westen. Ihre Ignoranz hatte sie insgesamt rund 1,5 Millionen chinesischen Gebiets gekostet. [40]

2.4 Grenzpolitik im 20. Jahrhundert

Nach dem Sturz des chinesischen Kaiserreiches 1911 und des russischen Zarenreiches 1917, änderte sich vorerst nichts an den Grenzen, obwohl Lenin die „Raubpolitik" des Zarismus sowie die neue, bürgerliche Regierung Russlands, die diese Politik gegenüber

---

[35] Vgl. Cheng-Chi, Ursprünge des Grenzkonfliktes, S. 44.
[36] Vgl. Ti-hung, Völkerrechtliche Argumentation, S. 28.
[37] Zar Nikolaus I., in: Pommerening, Grenzkonflikt, S.127.
[38] Vgl. Paine, Imperial Rivals, S. 153.
[39] Vgl. Paine, Imperial Rivals, S. 160.
[40] Vgl. Ti-hung, Völkerrechtliche Argumentation, S. 14.

China weiterführten, stark kritisierte.[41] Schon bald wurden die bilateralen Beziehungen wieder aufgebaut.

2.4.1 Die Erklärungen von Karachan 1919/1920

China beharrte weiterhin auf der Annullierung der „ungleichen" Verträge. Im Juli 1919 gab die Sowjetunion die erste Karachan-Erklärung heraus, die jedoch von China nicht unterzeichnet, wieder zurückgenommen und nochmals überarbeitet wurde. Im September 1920 folgte die zweite Karachan-Erklärung, in der die Regierung Russlands „von allen früher mit China geschlossenen zaristischen Verträgen" zurückgetreten sei. Sie besagte weiter, dass die Regierung Russlands auf alle Eroberungen russischen Gebietes und auf alle russischen Konzessionen in China verzichte.[42] Obwohl es ersichtlich erscheint, dass dieses Angebot Russlands eindeutig gewesen sein mag, blieb es bei der einen Erklärung und ein Vertrag wurde nicht ausgehandelt. Ob und inwieweit diese Erklärung als völkerrechtlich verbindlich angesehen werden konnte, blieb ein Streitfall.[43] Auf die zweite Karachan-Erklärung folgten gegenseitige Verhandlungen in Moskau und Peking, die im Mai 1924 in einem „Abkommen über die allgemeinen Grundsätze für die Regelung der zwischen der Republik China und der UdSSR schwebenden Fragen" endete. Darin wurde festgelegt, dass zwischen beiden Ländern die normalen und konsularischen Beziehungen wiederhergestellt werden sollten.[44] Dieser Vertrag hatte jedoch keine Auswirkung auf die Frage der Gültigkeit der zwischen China und Russland geschlossenen Verträge. Der 1924 unterzeichnete Vertrag beinhaltete zudem die Forderung, dass sich die beiden Parteien zu einer Konferenz zusammenfinden sollten, um die zwischen der Regierung von China und der Zaristischen Regierung geschlossenen Verträge, Abkommen und Protokolle zu annullieren und sie auf der Grundlage der Gleichheit, der Gegenseitigkeit und der Gerechtigkeit durch neue zu ersetzen.[45] Die Konferenz kam zwar zustande, doch die Streitigkeiten zwischen der Regierung in Peking und dem regionalen Militärmachthaber Zhang Zuolin in Nordostchina führten zu deren Abbruch.[46]

---

[41] Vgl. Ti-hung, Völkerrechtliche Argumentation, S. 42.
[42] Vgl. Heinzig, Der sowjetisch-chinesische Grenzkonflikt, S. 14-15.
[43] Vgl. Pommerening, Grenzkonflikt, S. 153.
[44] Vgl. Cheng-Chi, Ursprünge des Grenzkonfliktes, S. 56-57.
[45] Vgl. Heinzig, Der sowjetisch-chinesische Grenzkonflikt, S. 16.
[46] Vgl. Cheng-Chi, Ursprünge des Grenzkonfliktes, S. 57.

2.4.2 Erste Freundschaftsbündnisse

Es folgten Jahre des Krieges und der Unruhen auf der ganzen Welt. An den chinesisch-sowjetischen Grenzen kam es zu keinen territorialen Veränderungen. Die sowjetische Politik wurde jedoch immer zielstrebiger und rücksichtsloser, als die der zaristischen Vorgänger. Sie verfolgte weiterhin ihr Ziel; nämlich die Einbeziehung Gesamtchinas in die neue, von Moskau aus regierte Welt, und weniger die Abtrennung einzelner Gebiete.[47]

Am 11. Februar 1945 unterzeichneten Stalin, Roosevelt und Churchill ein Geheimabkommen über gewisse Grenzfragen in China, ohne dessen Wissen und Einwilligung. Darin wurde der Status quo der Äusseren Mongolei aufrechterhalten, sowie Port Arthur, Port Dairen und die chinesische Changchun-Eisenbahn nach der japanischen Kapitulation der Sowjetunion überlassen. Das schwache China beugte sich dem Diktat der Grossmächte. Am 14. August 1945 wurde zudem, unter amerikanischem Druck, ein chinesisch-sowjetischer Freundschaftsvertrag unterzeichnet.[48]

Mit der kommunistischen Machtübernahme in der Volksrepublik China am 1. Oktober 1949 begann eine völlig neue Ausrichtung der Aussenpolitik Chinas. Mao Tse-tung führte zunächst ein enges Verhältnis zur sowjetischen Führung in Moskau. Am 14. Februar 1950 unterzeichneten die Volksrepublik China und die Sowjetunion einen „Vertrag über Freundschaft, Beistand und gegenseitige Hilfe".[49] Dieser Vertrag läutete eine Phase ein, die zwar nicht spannungsfrei, jedoch von beidseitigen Bemühungen um Kooperation geprägt war. Die Entstehung der chinesisch-sowjetischen Allianz basierte auf Erwartungen, Berechnungen und Kompromissen von beiden Seiten, die mehrfach aus innenpolitischen oder globalen Erfordernissen hervorgegangen waren. Für beide Seiten war die Furcht vor dem gemeinsamen Feind USA der Hauptgrund ihrer aussenpolitischen Entscheidungsfindung. Mit Maos Politik, die als „Sich-nach-einer-Seite-Neigen" bezeichnet wird, bekannte er sich für die Sowjetunion und gegen die USA.[50] Nur so konnten sie aus ihrer wirtschaftlichen und diplomatischen Isolation herauskommen.

---

[47] Vgl. Pommerening, Grenzkonflikt, S. 155-156.
[48] Vgl. Ti-hung, Völkerrechtliche Argumentation, S. 55.
[49] Vgl. Cheng-Chi, Ursprünge des Grenzkonfliktes, 76.
[50] Vgl. Banken, Sowjetisch-Chinesische Beziehungen, S. 20.

2.5 Die Zuspitzung des Konfliktes

Der Beginn der Chruschtschow-Ära, 1956, kann als Wendepunkt in den gemeinsamen Beziehungen gesehen werden. Die Meinungsverschiedenheiten wurden ab sofort offen ausgetragen. Folgenschwer für deren Verhältnis war der Grenzkonflikt 1962 zwischen China und Indien, bei dem sich die Sowjetunion, trotz Bündnisvertrag, einmischte und Indien mit Waffenlieferungen unterstützte.[51]

Ab 1960 gab es immer wieder Grenzzwischenfälle im westlichen, aber vor allem auch im nord-östlichen Grenzsektor. Beide Seiten waren abwechslungsweise daran beteiligt. Es blieb vorerst bei „harmlosen" Grenzüberschreitungen, die nicht zu bewaffneten Auseinandersetzungen führten.[52]

Es war die chinesische Seite, die den Grenzkonflikt im Jahre 1963 durch die Medien erstmals wieder in die Öffentlichkeit brachte.[53] Die Medien spielten somit eine gewichtige Rolle im Aufrechterhalten des Bewusstseins über den Grenzkonflikt. Lokale Medien in China und der Sowjetunion begannen, regelmässig über die aktuelle Lage an den umstrittenen Grenzen zu schreiben.[54] Dies hielt das Konfliktbewusstsein der einzelnen Bürger aufrecht, diente aber auch der Propaganda zur Stützung amtierender Regierungen. Während dem sogenannten „Papierkrieg" (1962-1964) warfen sich sowjetische wie chinesische Medien gegenseitige Grenzverletzungen vor und schürten somit den Konflikt zusehends.[55]

Grenzverhandlungen, die im November 1963 erstmals wieder geführt wurden, führten zu keinem Übereinkommen; die Verhandlungsziele lagen zu weit auseinander.[56] Die Sowjetunion weigerte sich zudem vehement, die Verträge, die von China als „ungleich" bezeichnet wurden, als solche anzuerkennen. Dies lag daran, dass nach sowjetischem Völkerrecht als „ungleich" bezeichnete Verträge von Anfang an als nichtig behandelt werden mussten.[57] Zusätzlich hatten beide Parteien eine vollkommen andere Grundhaltung in der Regelung der Grenzfrage. Nach russischer Sicht sollte das Ziel einer solchen Regelung sein, dass die Linie des Grenzverlaufs an einzelnen Abschnitten auf Grund der rechtskräftigen Verträge zu präzisieren sei. Sie bezeichneten jedoch die gegenwärtigen sowjetischen Grenzen als „heilig" und „unantastbar" und

---

[51] Vgl. Cheng-Chi, Ursprünge des Grenzkonfliktes, S. 66.
[52] Vgl. Heinzig, Sowjetisch-Chinesischer Grenzkonflikt, S. 24.
[53] Vgl. Heinzig, Sowjetisch-Chinesischer Grenzkonflikt, S. 25.
[54] Vgl. Herrmann, Territoriale Ansprüche, online, S. 52.
[55] Vgl. Ti-hung, Völkerrechtliche Argumentation, S. 91ff.
[56] Vgl. Banken, Sowjetisch-chinesische Beziehungen, S. 128.
[57] Vgl. Heinzig, Der sowjetisch-chinesische Grenzkonflikt, S. 30.

betonten, dass sie über eine neue chinesisch-sowjetische Grenze nicht verhandeln würden.[58]

Die chinesische Grundhaltung besagte, dass China zwar auf die Rückforderung dieses Gebietes verzichte, dass jedoch die Sowjetunion die russisch-chinesischen Verträge aus dem 19. Jahrhundert als ungleich und als China aufgezwungen anerkennen würde.[59] China forderte nur diejenigen Gebiete zurück, die unter Verletzung der „ungleichen" Verträge an Russland bzw. die Sowjetunion fielen: mehr als 20'000km^2 im Pamir-Gebiet und mehr als 1'000km^2 im Bereich von Amur und Ussuri, nämlich über 600 Flussinseln.[60]

Nach diesen gescheiterten Verhandlungen vollzog sich der offene Bruch zwischen der Kommunistischen Partei Chinas und der Kommunistischen Partei der Sowjetunion, auch wenn dieser erst 1966 formal beendet wurde.[61]

Die Volksrepublik China setzte mit dem Ausbruch der Kulturrevolution die Verträge von 1951 und 1957, über die Flussfahrt auf dem Amur und dem Ussuri, unilateral ausser Kraft.[62] Sie begann, im Zuge der Kulturrevolution, Millionen von Jugendlichen in die Mandschurei umzusiedeln, um deren Ausbau schneller vorantreiben zu können. Zudem wurden Strassen und Eisenbahnlinien in diesem Gebiet bis an die Grenze hin stark verbessert. Auch die Sowjetunion begann mit einer Verstärkung ihrer Position an der Grenze. Siedler wurden mit einem finanziellen Zuschuss und materieller Hilfe belohnt, während sie mit dem Bau der 7000 km langen Strecke der Nordsibirischen Eisenbahn zum Pazifik hin begannen. Zusätzlich verstärkten sie in Wladiwostok und im Gebiet des Amur und Ussuri die Zivil- und Luftverteidigungsmassnahmen und intensivierten die militärische Ausbildung von Jugendlichen und Reservisten.[63]

Im Jahre 1967 schlossen die sowjetischen Behörenden den umstrittenen Hauptzusammenfluss von Amur und Ussuri für chinesische Schiffe.[64]

Alles deutete auf den Ausbruch des Konfliktes hin.

[58] Vgl. Heinzig, Der sowjetisch-chinesische Grenzkonflikt, S. 29.
[59] Vgl. Heinzig, Der sowjetisch-chinesische Grenzkonflikt, S. 30.
[60] Vgl. Heinzig, Der sowjetisch-chinesische Grenzkonflikt, S. 32.
[61] Vgl. Banken, Sowjetisch-chinesische Beziehungen, S. 127.
[62] Vgl. Banken, Sowjetisch-chinesische Beziehungen, S. 159-160.
[63] Vgl. O.A., Wetterleuchten in Asien, in: NZZ, 7.3.1969.
[64] Vgl. Heinzig, Sowjetisch-chinesischer Grenzkonflikt, S. 37.

3 Der Ausbruch des Grenzkonfliktes 1969 und seine Folgen

Der Konflikt hatte sich so zugespitzt bis es am 2. März 1969 zu ersten bewaffneten Ausschreitungen auf der Flussinsel Damanski kam.[65] Laut russischen Angaben gehörte diese Insel seit dem Vertrag von Peking (1860) zu Russland, während die chinesische Seite beteuerte, dass dieses Gebiet eindeutig chinesisches Territorium sei. Beide Seiten beschuldigten sich gegenseitig, die Grenze des anderen Staates verletzt und das Feuer eröffnet zu haben. Bei diesem ersten bewaffneten Zwischenfall gab es mehrere Tote und Verletzte.[66] Dieser Vorfall eröffnete einen Propagandakrieg, der bis in die 1980er Jahre andauern sollte. Chinesische Medien betonten, dass sich „700 Mio. Chinesen nicht verhöhnen lassen und keine Verletzung des chinesischen Territoriums dulde",[67] während die Chinesen von sowjetischer Seite als „freche Provokateure" bezeichnet wurden.[68] Millionen von Chinesen und Russen nahmen an Demonstrationen teil. Die Medien schürten diesen Konflikt zusehends, indem sie immer fantastischere Zahlen und Berichte veröffentlichten. Von ehemals 200 war bald schon von „2000 chinesischen Soldaten, die in Wintertarnanzügen auf sowjetisches Gebiet vordrangen und dabei antisowjetische Parolen brüllten" die Rede.[69] China begann abermals die von Russland durch die „ungleichen" Verträge annektierten chinesischen Gebiete rund um die Grenzflüsse Amur und Ussuri zurückzufordern.

Auf chinesischer wie auch auf sowjetischer Seite wurden die Grenztruppen verstärkt.

In den folgenden Wochen und Monaten kam es auf den über 600 Flussinseln zu bewaffneten Ausschreitungen, bei denen es auf beiden Seiten mehrere hundert Tote und Verletzte gab.[70]

Eine Ausweitung des Konfliktes war im August 1969 in Sicht, als es in Kasachstan und Sinkiang zu blutigen Gefechten kam und beide Seiten Panzer und mehrere hundert Soldaten aufmarschieren liessen.[71] China und Russland standen am Rande eines Grosskonflikts.

Eine Entspannung der Situation traf erst am 11. September 1969 ein, als der sowjetische Ministerpräsident Alexej Kossygin in Peking mit dem chinesischen Ministerpräsidenten

---

[65] Vgl. Klicker, Grenzkonflikt am Ussuri eskaliert, online.
[66] Vgl. O.A., Der chinesisch-sowjetische Grenzzwischenfall, in: NZZ, 3.3.1969.
[67] Vgl. O.A., Der chinesisch-sowjetische Grenzzwischenfall, in: NZZ, 3.3.1969.
[68] Vgl. O.A., Neues sowjetisch-chinesisches Gefecht am Fluss Ussuri, in: NZZ, 17.3.1969.
[69] Vgl. O.A., Der Zusammenstoss am Ussuri, in: NZZ, 5.3.1969.
[70] Vgl. Banken, Die sowjetisch-chinesischen Beziehungen, S. 161.
[71] Vgl. Banken, Die sowjetisch-chinesischen Beziehungen, S. 163.

Zhou Enlai zu bilateralen Gesprächen zusammentraf.[72] Es war das erste chinesisch-sowjetische Gipfeltreffen seit mehr als vier Jahren und kam angesichts der anhaltenden Ausschreitungen an der Grenze und des tobenden Propagandakrieges sehr überraschend.[73]

Dieses Treffen war ein wichtiger Schritt in Richtung Frieden. Es sollte jedoch noch Jahrzehnte dauern, bis sich die beiden Seiten über die Grenzfragen einig werden würden. Bis Ende der achtziger Jahre herrschte „sino-sowjetische Eiszeit" und beiderseits der Flussgrenzen blieben die Truppen in ständiger Alarmbereitschaft stationiert.[74]

Bilaterale Grenzgespräche wurden erst wieder während der Amtszeit von Michail Gorbatschow im Jahre 1987 aufgenommen, welche am 10. November 1997 in einem gemeinsamen Grenzvertrag mündeten.[75]

Erst durch den am 6. Juli 2001 unterzeichneten „Vertrag über Nachbarschaft, Freundschaft und Zusammenarbeit"[76] und den am 18. Oktober 2004 unterzeichneten Abkommen über die Grenzfrage im östlichen und westlichen Sektor, wurde der Jahrhunderte dauernde Konflikt endgültig beendet.[77]

---

[72] Vgl. Herrmann, Territoriale Ansprüche, online, S. 53.
[73] Vgl. O.A., Kossygins überraschende Blitzvisite in Peking, in: NZZ, 12.9.1969.
[74] Vgl. Weggel, Aussenpolitik der VR China, S. 145.
[75] Vgl. Herrmann, Territoriale Ansprüche, online, S. 54.
[76] Vgl. Möller, China und die USA, online.
[77] Vgl. CRI, China-Besuch, online.

4   Fazit

Der am 18. Oktober 2004 zwischen Wladimir Putin und Hu Jintao unterzeichnete Vertrag, war der Schlussstrich eines Jahrhunderte dauernden Konfliktes zwischen den Grossmächten China und Russland, der im Jahre 1969 mit bewaffneten Auseinandersetzungen seinen Höhepunkt gefunden hatte.

Der chinesisch-sowjetische Konflikt war mehr als „nur" ein ideologischer Kampf zwischen zwei kommunistischen Parteien oder ein Konflikt zwischen zwei Grossmächten um Einflussgebiete in Asien. Vielmehr war es ein Grenzkonflikt über die Frage der Zugehörigkeit bestimmter Gebiete, die Jahrhunderte lang nicht gelöst werden konnte. Dabei spielte das Grenzgebiet um die Flüsse Ussuri und Amur eine zentrale Rolle. Für Russland bedeuteten diese Flüsse einerseits den Zugang zu einem eisfreien Meer, welcher für den Handel von grossem Vorteil war. Andrerseits ermöglichte diese fruchtbare Zone, ganz im Gegensatz zu weiten Teilen Sibiriens, die Kolonialisierungspolitik Russlands und somit die Expansion des russischen Gebietes.

Die Ignoranz, die China gegenüber „primitiven Fremden" und besonders dem Zarenreich Russland zeigte, wurde ihnen spätestens seit dem Vertrag von Nertchinsk 1689 zum Verhängnis. Bereits damals entsandte Russland Expeditionen um das Gebiet rund um die Grenzflüsse zu erkunden. Russland war China von Anfang an immer eine Nasenlänge voraus. Dies realisierte die chinesische Regierung jedoch viel zu spät.

Die 1,5 Millionen km^2 chinesischen Territoriums, die China bis zum 19. Jahrhundert hauptsächlich durch die „ungleichen" Verträge abgenommen wurde, war für sie ein grosser Verlust. Das Verhalten der Chinesischen Regierung nach dem Unterzeichnen der „ungleichen" Verträge, gab zudem Anlass zur Annahme, dass sie sich damit abgefunden hatten. Ihr Schweigen verstärkte diesen Eindruck jeweils stark. Doch China hatte sich nie mit dem Verlust eines Gebietes abgefunden. Dieses Verhalten war aus chinesischer Sicht vielmehr Ausdruck chinesischer Überlegenheit und Grossmut gegenüber einem unerzogenen und primitiven Fremden.[78] Als ihnen später die grossen Einbussen chinesischer Macht im Umgang mit dem Westen immer deutlicher wurden, war es bereits zu spät. China konnte Russland trotz Protest nicht mehr dazu bewegen, die Gebietseinnahmen, die Ende des 19. Jahrhunderts rund 1,5 Millionen km^2 betrugen, wieder rückgängig zu machen.

---

[78] Vgl. Pommerening, Grenzkonflikt, S. 191.

Die Unterzeichnung der Verträge von Aigun 1858, Peking 1860 und St. Petersburg 1881 bedeutete für Russland einen grossen Sieg gegenüber China. Sie hatten durch diese Verträge nicht nur ihr Gebiet um hunderttausende von Quadratkilometern vergrössert, vielmehr war es ihnen gelungen, die Grenzflüsse Ussuri und Amur fast vollständig einzunehmen. Dies schuf das Konfliktpotential, das im Jahre 1969 zu den bewaffneten Zusammenstössen führte.

Die These kann somit bestätigt werden; die „ungleichen" Verträge, besonders im Gebiet um die Grenzflüsse Amur und Ussuri, waren eine der Hauptursachen für den Ausbruch des Konfliktes zwischen der Volksrepublik China und der Sowjetunion. Durch diese Verträge beherrschte die Sowjetunion weite, früher chinesische Gebiete auf Grund von Verträgen, die unter Anwendung von politischem Zwang abgeschlossen wurden. China hatte bereits Mitte des 19. Jahrhunderts Teile seiner Souveränität verloren, ohne dafür einen Ausgleich zu erhalten und konnte seinen Willen gegenüber der Sowjetunion spätestens seit 1842 nicht mehr frei äussern.

Aufgrund der nie gelösten und von beiden Seiten akzeptierten Grenzziehung, wundert es nicht, dass es früher oder später zum Ausbruch des Konfliktes kam.

5   Anhang

Abb. 1: Durch Verträge von Nertchinsk 1689 und Kjachta 1727 festgelegte Grenze

Zu finden in: Cheng-Chi, Ursprünge des Grenzkonfliktes, S. 204.

Abb. 2: Gebietsverluste Chinas

Zu finden in: Ti-hung, Völkerrechtliche Argumentation, S. 15.

6   Bibliographie

1. Quellen

1.1 Gedruckte Quellen

1.1.1 Periodika

- Neue Zürcher Zeitung, einzelne Nummern 1969.

1.1.2 Bücher

- Pommerening Horst, Der chinesisch-sowjetische Grenzkonflikt. Olten und Freiburg im Breisgau 1968.
- Salisbury Harrison E., Krieg zwischen Russland und China. Frankfurt am Main 1970.

2. Sekundärliteratur

2.1 Nachschlagewerke

- dtv-Atlas Weltgeschichte, Von der Französischen Revolution bis zur Gegenwart, Hergt Manfred, Hilgemann Werner, Kinder Hermann (Hg.), Bd. 2, München 2005.

2.2 Monographien

- Banken Roland, Die sowjetisch-chinesischen Beziehungen von 1949-1969 im Rahmen der weltweiten Interdependenz. Entstehung, Wandel und Verfall des Bündnisses zwischen beiden kommunistischen Mächten, Geschichte der internationalen Beziehungen nach 1945, Stahl Thomas, Koza Ingeborg (Hrsg.), Bd. 4, Münster 2005.
- Cheng-Chi Wu, Über die Ursprünge des Chinesisch-Sowjetischen Grenzkonfliktes. Bochum 1988.
- CRI, China-Besuch von Wladimir Putin belebt strategische Partnerschaft zwischen China und Russland. 18. Oktober 2004, <http://www.fmprc.gov.cn/ce/cech/ger/4/t165773.htm#>, 28.03.2007.
- Heinzig Dieter, Der sowjetisch-chinesische Grenzkonflikt. Ursachen-Ablauf-Perspektiven, Köln 1979.

- Herrmann Wilfried A., Territoriale Ansprüche in Ost- und Südostasien-Konfliktherde mit Eskalationspotential?.
  <http://www.bmlv.gv.at/pdf_pool/publikationen/03_jb01_41_her.pdf>, 28.03.2007.

- Klicker Jochen R., Ein Grenzkonflikt zwischen der UdSSR und China am Ussuri eskaliert. In: DeutschlandRadio Berlin,
  <http://www.dradio.de/dlr/sendungen/kalender/243118/>, 28.03.2007.

- Möller Kay, China und die USA: Washingtons Fernostpolitik nach dem 11. September 2001. In: Bundeszentrale für politische Bildung,
  <http://www.bpb.de/publikationen/FH0VFW,0,0,China_und_die_USA%3A_Washingtons_Fernostpolitik_nach_dem_11_September_2001.html>, 28.03.2007.

- Paine S.C.M., Imperial Rivals. China, Russia and their disputed frontier, New York 1996.

- Ti-hung Liu, Die völkerrechtliche Argumentation der Volksrepublik China im chinesisch-sowjetischen Grenzkonflikt. Diss. bei dem Fachbereich Rechtswissenschaft der Freien Universität Berlin, Berlin 1973.

- Weggel Oskar, Die Aussenpolitik der VR China. Hamburg 1977.